Sans limites

D1398355

Le hockey

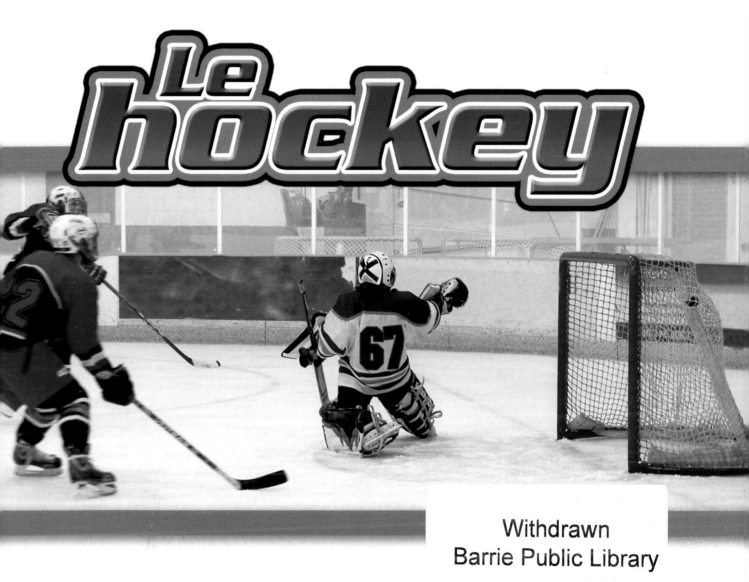

Niki Walker et Sarah Dann

Traduction : Marie-Josée Brière

Le hockey est la traduction de *Hockey in Action* de Niki Walker et Sarah Dann (ISBN 0-7787-0172-7).
© 2000, Crabtree Publishing Company, 612 Welland Ave., St.Catherines, Ontario, Canada L2M 5V6

Catalogage avant publication de Bibliothèque et Archives Canada

Walker, Niki, 1972-

    Le hockey

    (Sans limites)
    Traduction de : Hockey in action.
    Pour les jeunes de 8 à 12 ans.

    ISBN-13 978-2-89579-090-7
    ISBN-10 2-89579-090-6

1. Hockey - Ouvrages pour la jeunesse.   I. Dann, Sarah, 1970- . II. Titre.   III. Collection: Sans limites (Montréal, Québec).
GV847.25.W28614 2006   j796.962   C2006-940589-1

Nous reconnaissons l'aide financière du gouvernement
du Canada par l'entremise du Programme d'aide au
développement de l'industrie de l'édition (PADIÉ)
pour nos activités d'édition.

Conseil des Arts Canada Council
du Canada   for the Arts

Bayard Canada Livres Inc. remercie
le Conseil des Arts du Canada du soutien
accordé à son programme d'édition dans
le cadre du Programme des subventions globales aux éditeurs.
Cet ouvrage a été publié avec le soutien de la SODEC.
Gouvernement du Québec – Programme de crédit d'impôt
pour l'édition de livres – Gestion SODEC.

Dépôt légal – 3e trimestre 2006
Bibliothèque nationale du Québec
Bibliothèque nationale du Canada

Direction : Andrée-Anne Gratton
Traduction : Marie-Josée Brière
Graphisme : Mardigrafe
Révision : Marie Théorêt

© Bayard Canada Livres inc., 2006
4475, rue Frontenac
Montréal (Québec)
Canada H2H 2S2
Téléphone : (514) 844-2111 ou 1 866 844-2111
Télécopieur : (514) 278-3030
Courriel : edition@bayard-inc.com

Imprimé au Canada

www.sanslimites.info

Sur le site Internet :

Fiches d'activités pédagogiques
en lien avec tous les albums
des collections Petit monde vivant
et Le raton laveur

Catalogue complet

Table des matières

Qu'est-ce que le hockey ?

Le hockey est un des sports d'équipe les plus rapides. C'est le seul sport qui se joue avec un disque rigide qu'on appelle une « **rondelle** ». L'objectif, pendant un match de hockey, c'est de marquer autant de buts que possible en lançant la rondelle dans le but de l'équipe adverse. Les joueurs des deux équipes s'entrecroisent sur la glace en cherchant à se déjouer mutuellement. Ils doivent être bons patineurs et habiles passeurs pour arriver à garder la rondelle hors de portée de leurs adversaires tout en essayant de marquer.

Des matches de trois périodes

La plupart des matches de hockey professionnel se divisent en trois périodes de vingt minutes. Les jeunes joueurs – garçons et filles – disputent plutôt des périodes de dix ou douze minutes chacune. L'équipe qui marque le plus de buts remporte le match. Il arrive parfois que la marque soit égale à la fin de la troisième période. Le match se poursuit alors pendant cinq minutes en prolongation. Dès qu'une équipe marque et brise l'égalité, le match est terminé.

Les débuts du hockey

Les Européens pratiquaient probablement déjà un sport similaire au hockey il y a quelques centaines d'années. Certains historiens croient que le hockey sur glace est né en Angleterre, en version hivernale du hockey sur gazon ; d'autres prétendent que ce sport a vu le jour en France, alors que d'autres encore soutiennent qu'il vient de Hollande. Quoi qu'il en soit, dès le début du XIXe siècle, les Nord-Américains jouaient au hockey sur des patinoires extérieures.

Le premier match officiel s'est déroulé au Canada en 1875, à l'Université McGill de Montréal. Les règles établies pour l'occasion par un groupe d'étudiants ont servi de base au règlement appliqué de nos jours.

Les six premières équipes

Les meilleurs hockeyeurs du monde jouent aujourd'hui dans la Ligue nationale de hockey, ou LNH, fondée à Montréal en 1917. La ligue était formée au départ des Wanderers de Montréal, des Canadiens de Montréal, des Arenas de Toronto et des Sénateurs d'Ottawa.

Entre 1942 et 1967, la ligue se composait de six équipes : les Bruins de Boston, les Rangers de New York, les Blackhawks de Chicago, les Cougars de Detroit (devenus les Red Wings), les Maple Leafs de Toronto et les Canadiens de Montréal. Ce sont généralement elles que l'on considère comme les six équipes originales. Beaucoup de nouvelles formations s'y sont ajoutées depuis 1967, et la ligue compte aujourd'hui plus de 25 équipes.

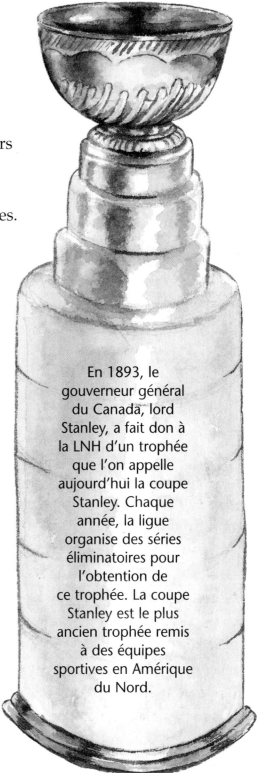

Un trophée très convoité

En 1893, le gouverneur général du Canada, lord Stanley, a fait don à la LNH d'un trophée que l'on appelle aujourd'hui la coupe Stanley. Chaque année, la ligue organise des séries éliminatoires pour l'obtention de ce trophée. La coupe Stanley est le plus ancien trophée remis à des équipes sportives en Amérique du Nord.

La patinoire

Les matches de hockey sont disputés sur une patinoire, la plupart du temps dans une aréna où la glace reste dure et lisse même quand il fait chaud. Les patinoires de hockey sont marquées de lignes et de cercles qui délimitent plusieurs zones. Les membres d'une équipe occupent chacun une position différente, ce qui veut dire qu'ils ont un rôle particulier à jouer dans un secteur donné de la patinoire.

Les lignes de zone

La patinoire de hockey comporte plusieurs lignes de démarcation. Deux lignes bleues divisent la glace en trois zones : une zone pour chaque équipe, aux deux extrémités, et une zone neutre, au centre. L'espace où est installé le filet d'une équipe constitue sa zone défensive, alors que celui où se trouve le filet de l'équipe adverse est sa zone offensive. La ligne rouge marque le centre de la patinoire et sépare la zone neutre en deux.

Chacun son tour

Au cours du match, chaque équipe cherche à prendre possession du disque afin de marquer des buts. Quand l'une des équipes a la rondelle, elle est à l'**offensive**. Elle essaie de conserver la rondelle et de marquer. L'équipe qui n'a pas la rondelle est en **défensive**. Tous ses joueurs essaient alors de reprendre le disque et d'empêcher l'autre équipe de marquer. Les joueurs doivent être capables de passer rapidement de l'offensive à la défensive.

La mise au jeu

Au hockey, le jeu commence toujours par une mise au jeu dans un des cinq cercles prévus exprès. L'arbitre se place au centre du cercle, flanqué d'un joueur de chaque équipe. Les autres joueurs restent à l'extérieur du cercle. Ils doivent demeurer immobiles jusqu'à ce que l'arbitre laisse tomber la rondelle et qu'un des joueurs affectés à la mise au jeu y touche avec son bâton. L'arbitre fait une mise au jeu au début de chaque période et après chaque interruption du jeu.

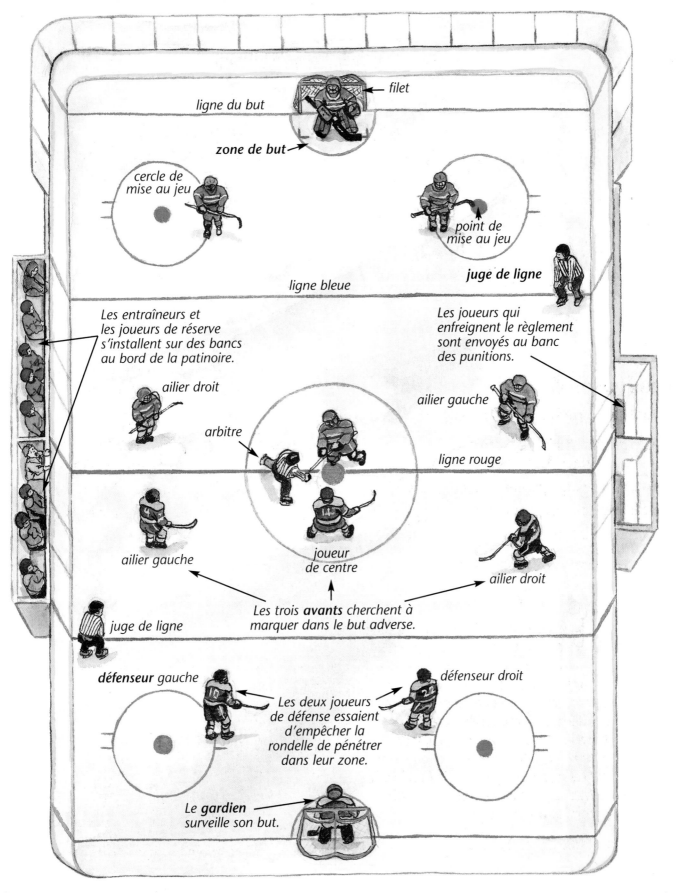

filet

ligne du but

zone de but→

cercle de mise au jeu

point de mise au jeu

juge de ligne

ligne bleue

Les entraîneurs et les joueurs de réserve s'installent sur des bancs au bord de la patinoire.

Les joueurs qui enfreignent le règlement sont envoyés au banc des punitions.

ailier droit

ailier gauche

arbitre

ligne rouge

ailier gauche

joueur de centre

ailier droit

Les trois **avants** cherchent à marquer dans le but adverse.

juge de ligne

défenseur gauche

défenseur droit

Les deux joueurs de défense essaient d'empêcher la rondelle de pénétrer dans leur zone.

Le **gardien** surveille son but.

L'équipement de base

La plupart des gens savent que le hockey se joue avec des patins, un bâton, une rondelle et deux filets. Mais les nombreuses pièces d'équipement nécessaires à la sécurité des joueurs sont moins connues. En fait, il arrive souvent que les hockeyeurs tombent sur la glace, ou qu'ils se fassent frapper par un bâton, une rondelle ou un autre joueur. Il est donc essentiel qu'ils se protègent bien la tête et le corps.

Pour jouer au hockey, tu dois toujours porter un casque et une grille. Le casque doit être bien ajusté sur ta tête pour éviter qu'il ne se déplace pendant le jeu.

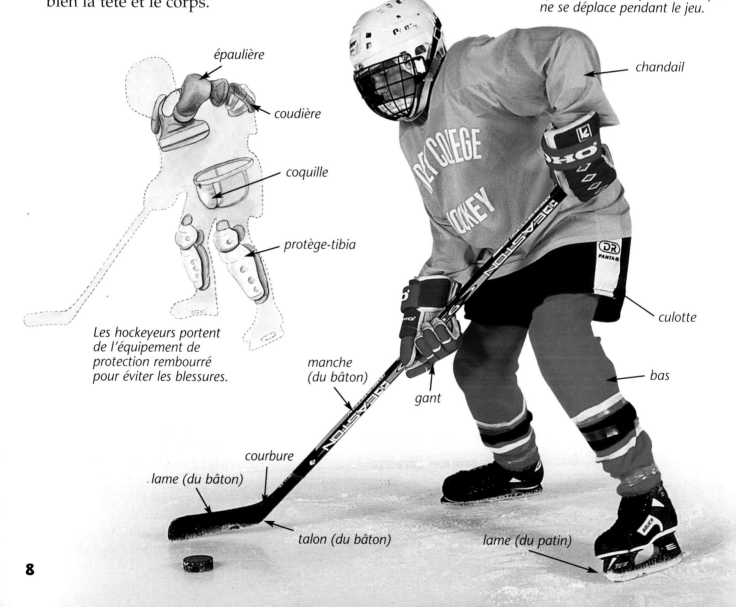

épaulière

coudière

coquille

protège-tibia

chandail

culotte

bas

Les hockeyeurs portent de l'équipement de protection rembourré pour éviter les blessures.

manche (du bâton)

gant

courbure

lame (du bâton)

talon (du bâton)

lame (du patin)

8

Le gant que
le gardien porte
sur la main avec
laquelle il tient
son bâton
s'appelle le
« bouclier ». Il
sert à repousser
la rondelle.

Le gardien se
protège la tête
et le visage avec
un masque.

La mitaine sert
à attraper et
à conserver
la rondelle.

Le gardien utilise un bâton
dont le manche et la lame
sont plus larges dans le
bas, pour pouvoir bloquer
plus facilement la rondelle.

Le gardien porte plus d'équipement de protection que
les autres joueurs. Ses bras sont protégés de l'épaule
au poignet, et ses jambes sont couvertes de jambières
épaisses, du patin à la cuisse.

Les patins sont faits de
cuir ou de plastique léger.
Pour garder les tiens en
bon état, n'oublie pas de
les essuyer après chaque
utilisation.

Le bâton doit avoir
une longueur et une
courbure qui
conviennent au joueur.
La courbure, c'est l'angle
que forment le manche
et la lame. Pour mieux
contrôler la rondelle, tu
peux entourer la lame de
ton bâton avec du ruban
de caoutchouc, du talon
jusqu'au bout. Et tu auras
une meilleure prise sur ton
bâton si tu enroules aussi du
ruban sur le haut du manche.

Les gants protègent les mains des
joueurs et les gardent au chaud.

9

L'échauffement

Avant un entraînement ou un match, il est important de s'étirer et de s'échauffer les muscles pour éviter les blessures musculaires comme les claquages. L'échauffement prépare également le corps à faire des lancers difficiles et à mieux absorber les chutes. Voici quelques étirements qui t'aideront à t'échauffer avant d'essayer les exercices présentés dans les pages qui suivent.

Les torsions

Place ton bâton sur tes épaules, derrière ta tête, et pose une main à chaque bout. Tourne lentement les épaules vers la gauche, puis vers la droite, sans forcer. Ne cherche jamais à aller plus loin que ce que tu supportes facilement.

Les flexions

Les pieds légèrement écartés, le bâton au-dessus de la tête, incline lentement le haut du corps vers le sol. Répète ce mouvement dix fois. Écarte les pieds un peu plus et répète-le encore dix fois.

Les rotations du cou

Penche la tête vers l'avant, le menton sur la poitrine. Tourne lentement la tête d'un côté puis de l'autre. Ne dépasse pas la ligne de tes épaules et ne va pas trop loin, surtout pas jusqu'en arrière !

Les fentes

Écarte les jambes le plus possible. Tourne le pied gauche vers l'extérieur et plie lentement le genou gauche, en t'assurant qu'il est directement au-dessus de tes orteils. Garde cette position pendant 15 secondes et relève-toi lentement. Répète cet étirement de l'autre côté.

Les rotations du torse

Les pieds écartés à la largeur des épaules, les mains sur les hanches, fais un cercle avec tes hanches en gardant les pieds bien à plat et en bougeant le moins possible les épaules.

Les rotations des bras

Lentement, fais des cercles avec tes bras. Commence par de grands cercles et continue en décrivant des cercles de plus en plus petits, jusqu'à ce que tes bras restent presque à l'horizontale. Change ensuite de direction, en commençant par de petits cercles et en finissant par de très grands.

Les genoux levés

Les bras tendus, les genoux légèrement fléchis, tiens ton bâton à l'horizontale devant toi et lève un genou jusqu'à ce qu'il touche au bâton. Répète le mouvement dix fois avec chaque jambe.

Sur la glace

Pour jouer au hockey, il faut d'abord et avant tout savoir patiner. Pour toutes les manœuvres, il est important de pouvoir patiner à bonne vitesse, changer de direction rapidement et s'arrêter presque instantanément.

Pour commencer

Il faut parfois un certain temps pour apprendre à bien patiner. La première fois, n'essaie pas d'aller trop vite ! Laisse ton bâton au banc et écarte les bras – cela t'aidera à garder ton équilibre. Avance lentement, sans te presser.

La poussée

Pour patiner, fléchis légèrement les genoux et pousse sur la glace derrière toi avec la lame d'un de tes patins. Tu vas glisser avec l'autre patin. Puis, change de côté et pousse avec l'autre jambe. Déplace ton poids d'une jambe à l'autre en avançant. Avec un peu d'entraînement, tu finiras par patiner – et jouer au hockey – de mieux en mieux.

En adoptant la bonne position, tu conserveras plus facilement ton équilibre. Garde la tête levée, les genoux fléchis et le dos droit.

Les croisements

Les croisements permettent de réussir des courbes serrées, ce qui est très utile pour contourner un adversaire au hockey. Pour tourner vers la gauche, lève le pied droit, passe-le par-dessus ta jambe gauche et repose-le sur la glace. Avance ensuite avec le pied gauche. Pour prendre de la vitesse, plie les genoux et pousse en alternance avec chaque jambe en la soulevant de la glace. Exerce-toi aussi à tourner dans l'autre direction en croisant la jambe gauche sur le pied droit.

Stop !

Quand on patine à bonne vitesse, il faut être capable de s'arrêter et de changer de direction en une fraction de seconde. Le freinage parallèle est le moyen le plus rapide de s'immobiliser. Il suffit de tourner tout le corps de côté et d'enfoncer les lames de ses patins dans la glace. Pour les débutants, il est plus facile de s'arrêter en faisant du chasse-neige. Cette manœuvre consiste à fléchir les genoux et à tourner le bout de ses patins vers l'intérieur pour s'arrêter graduellement.

Le maniement du bâton

Imagine la scène : tu patines à toute vitesse vers le filet adverse. Tu es en possession de la rondelle et tu sais que tu as des chances de marquer le prochain but. Le seul problème, c'est qu'il y a trois adversaires entre toi et le filet, et qu'ils vont essayer par tous les moyens de te barrer la route. Voilà une situation qui exige un talent particulier pour le **maniement du bâton** !

Tricoter avec la rondelle

Si tu sais manier ton bâton en te déplaçant, tu pourras plus facilement conserver le disque. Pour tricoter avec la rondelle, ou « transporter la rondelle », fais-la glisser rapidement d'un côté à l'autre ou d'avant en arrière avec ton bâton tout en patinant. C'est une bonne façon d'empêcher tes adversaires de te la voler. Cela te permet aussi de changer de direction rapidement sans perdre le contrôle de la rondelle.

Si tu sais bien manier le bâton, tu pourras tricoter avec la rondelle et la garder hors de portée de tes adversaires même si tu ne cherches pas nécessairement à marquer. Les hockeyeurs utilisent souvent cette tactique pour tuer le temps dans les dernières minutes d'un match, quand leur équipe est en tête.

Pas trop loin

L'essentiel, pour bien manier ton bâton, c'est de savoir à quelle force tu peux frapper la rondelle sans qu'elle aille trop loin. Exerce-toi d'abord en position stationnaire, en envoyant la rondelle d'un côté à l'autre et d'avant en arrière. Essaie de la faire glisser de cette façon autant de fois que possible sans la perdre.

Après avoir appris à manier le bâton sans te déplacer, essaie de le faire en patinant. Installe un parcours avec des cônes et exerce-toi à les contourner tout en tricotant avec la rondelle. Tu peux également demander à un ami de te servir de « cône » en mouvement et d'essayer de t'enlever le disque. Exerce-toi aussi à transporter la rondelle sans la regarder. Tu dois toujours garder la tête haute pendant les matches, pour voir où tu vas.

Si tu ne peux pas aller à la patinoire, sers-toi d'une balle ou d'une rondelle de hockey de rue pour t'exercer sur l'asphalte ou au gymnase. En gardant la rondelle près de ton bâton, tu pourras la contrôler plus facilement.

Pour tromper l'adversaire

La **feinte** est une manœuvre courante au hockey. Elle amène l'adversaire à penser que tu t'en vas dans une direction alors que tu t'apprêtes en réalité à faire le contraire. Sur la photo, la joueuse en noir a d'abord amorcé un mouvement vers la gauche. Quand son adversaire s'est déplacé pour lui barrer le passage, elle a rapidement bifurqué vers sa droite pour le contourner. Exerce-toi à faire des feintes avec un ami. Installe des cônes pour marquer une ligne de départ et une ligne d'arrivée. Essaie d'atteindre la ligne d'arrivée en faisant des feintes pour contourner ton ami et pour éviter qu'il te touche.

Les lancers

Il est important de savoir faire des feintes et manier la rondelle, mais il faudra bien un jour décocher un tir ! Tu devras pouvoir lancer avec précision pour faire des passes à tes coéquipiers ou marquer des buts. Il y a différentes techniques de lancer. Chacune sert à des usages différents et t'aidera à envoyer la rondelle exactement là où tu le désires.

Pour être à l'aise

Es-tu un joueur droitier ou gaucher ? Te sens-tu plus à l'aise quand tu tiens ton bâton du côté gauche de ton corps ou du côté droit ? Fais ton choix en fonction de ce qui te paraît le plus naturel.

La main que tu poses le plus bas sur le manche de ton bâton est ta « main d'attaque ». C'est avec elle que tu guides les mouvements de ton bâton.

main d'attaque

La frappe glissée

La frappe glissée est un des lancers de base au hockey. Tu peux t'en servir pour faire des passes ou pour tirer au but. Elle consiste à pousser la rondelle au ras de la glace, puis à laisser le bâton continuer sur sa lancée jusqu'à ce qu'il quitte la surface de la patinoire. C'est ce qu'on appelle « terminer son élan ».

Si tu veux faire un lancer droit (à gauche), la paume de ta main d'attaque doit faire face à la cible. Pour un tir du revers (à droite), c'est le dos de la main d'attaque qui se trouve du côté de la cible.

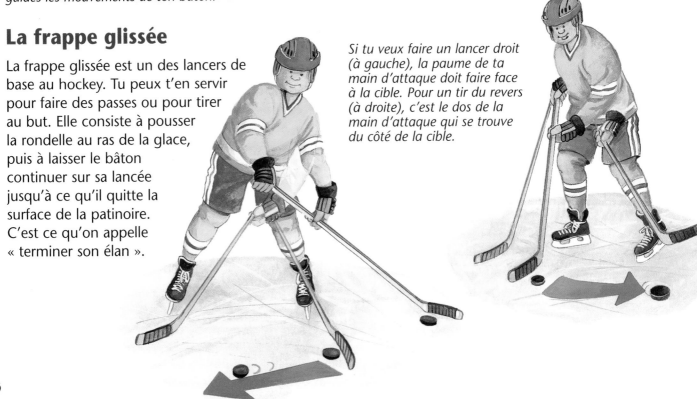

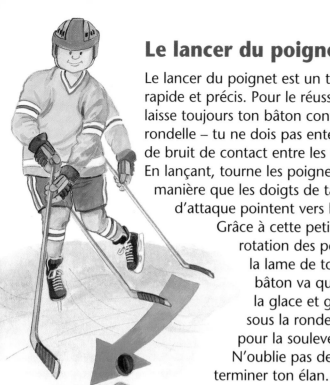

Le lancer du poignet

Le lancer du poignet est un tir rapide et précis. Pour le réussir, laisse toujours ton bâton contre la rondelle – tu ne dois pas entendre de bruit de contact entre les deux. En lançant, tourne les poignets de manière que les doigts de ta main d'attaque pointent vers le haut. Grâce à cette petite rotation des poignets, la lame de ton bâton va quitter la glace et glisser sous la rondelle pour la soulever. N'oublie pas de terminer ton élan.

Les rotations des poignets

Tu exécuteras ce mouvement des poignets pour soulever la rondelle quand tu voudras faire des passes ou lancer au but.

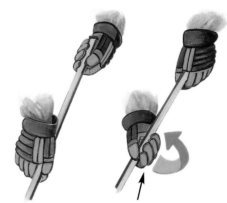

Fais une rotation des poignets pour soulever la lame de ton bâton.

Le lancer frappé court

Le lancer frappé court ressemble au lancer du poignet, à la différence que tu tournes les poignets juste avant de frapper la rondelle et que tu ne prolonges pas ton élan avec le bâton. De plus, tu vas entendre ton bâton frapper la rondelle.

Le lancer frappé

Pour faire un lancer frappé, tu gardes ton bras d'attaque bien tendu et tu fais une rotation des épaules. Tu prends un grand élan et tu prolonges longuement le mouvement.

Les passes

Il est important d'apprendre à faire des passes. Tes coéquipiers ne seront sûrement pas contents si tu gardes toujours la rondelle ! Il est souvent préférable de passer le disque à un coéquipier que de risquer de te le faire voler par un adversaire. Les passes te permettent aussi d'envoyer rapidement la rondelle à un coéquipier en bonne position pour marquer. Une passe à un joueur qui marque ensuite un but s'appelle une « aide ».

L'important, pour faire des passes, c'est de bien viser et de doser la puissance de ton lancer. La seule façon d'apprendre à le faire, c'est de t'exercer le plus souvent possible.

Fais-moi une passe !

Il faut bien sûr que tes passes soient rapides, mais elles doivent aussi être faciles à capter pour tes coéquipiers. La frappe glissée (va voir à la page 16) est la plus appropriée pour les passes. En effet, comme la rondelle se déplace sur la glace, elle est facile à arrêter.

À la réception

Quand tu attends une passe, laisse la lame de ton bâton sur la glace en essayant de rester détendu. La lame reculera légèrement pour absorber le coup et tu éviteras ainsi que la rondelle rebondisse. Tu pourras donc la recevoir et la contrôler plus facilement.

Par la voie des airs

Il est parfois impossible d'envoyer la rondelle à un coéquipier en faisant une passe glissée. Tu peux alors tenter un lancer du poignet pour soulever le disque et le faire passer par-dessus un obstacle, par exemple le bâton d'un adversaire. Pour t'exercer à soulever la rondelle, place un petit objet – par exemple un gant ou un bâton – entre toi et un ami. Passez-vous la rondelle par-dessus l'obstacle, en faisant des lancers droits et des lancers du revers.

Essaie de lancer la rondelle avec assez de précision pour que ton partenaire n'ait pas à bouger les pieds pour la recevoir.

Une trajectoire bien calculée

La passe illustrée à droite a été faite trop loin derrière la joueuse numéro 18, qui devra ralentir et revenir en arrière pour pouvoir l'attraper. Quand on veut faire une passe à un coéquipier en mouvement, il faut essayer de prévoir où il sera quand la rondelle arrivera dans sa trajectoire. Il faut donc envoyer la rondelle un peu trop en avant, de manière que le joueur et la rondelle se trouvent au même endroit en même temps.

Les tirs au but

Le gardien doit être prêt à recevoir des lancers de différents angles. Les joueurs visent une des « cibles » que le gardien ne couvre pas. Ce gardien est bien placé pour défendre deux des cibles, mais il en reste trois à découvert. Serais-tu capable de le déjouer ?

Imagine que ton équipe est en train de perdre un match par un but, qu'il reste seulement quelques secondes à jouer et que tu es en possession du disque. Tu t'apprêtes à lancer et tu vois déjà – mentalement ! – la rondelle entrer dans le but sous les acclamations de la foule. Mais ce n'est pas toujours aussi facile de marquer un but dans les faits. Tu dois d'abord réussir à déjouer tes adversaires !

Les cinq cibles

Pour devenir un marqueur exceptionnel, tu dois t'exercer aussi souvent que possible. Les joueurs et les entraîneurs de hockey ont étudié les endroits où il est le plus facile de prendre le gardien en défaut. C'est ce qu'on appelle les « cinq cibles ».

Des cibles à viser

Si tu t'entraînes seul, fabrique-toi des cibles pour t'exercer à viser. En prenant comme modèle la photo de la page 20, dessine cinq cercles sur un mur avec de la craie ou colles-y cinq ronds découpés dans du carton. Place-toi devant tes cibles et essaie de lancer sur chacune d'elles. Laquelle trouves-tu la plus facile à atteindre ? Et la plus difficile ? Fixe-toi des objectifs. Vise chaque cible jusqu'à ce que tu réussisses à l'atteindre trois fois de suite avant de passer à une autre. Pour compliquer l'exercice, quand tu auras réussi à toucher toutes les cibles, tu peux lancer d'un endroit différent, varier tes tirs ou lancer en avançant vers les cibles.

Un contre un

Avec un ami, exerce-toi à lancer en mouvement. À tour de rôle, l'un d'entre vous – le porteur de la rondelle – avance vers le filet tandis que l'autre – le défenseur – essaie d'intercepter la rondelle pour empêcher le lancer. Si la rondelle entre dans le but, le joueur qui a lancé peut recommencer d'un endroit différent. S'il rate son coup, c'est l'autre qui prend la rondelle. Chaque but marqué vaut un point.

Devant le filet

Les gardiens de but doivent être rapides et agiles. Ils doivent aussi être capables d'attendre calmement que les autres joueurs lancent une petite rondelle dure vers leur tête et leur corps. La plupart des gens chercheraient à se protéger ou à s'en aller, mais les gardiens, eux, essaient par tous les moyens de se placer entre la rondelle et le filet.

Le bel arrêt !

Quand le gardien empêche la rondelle de pénétrer dans le but, on dit qu'il fait un arrêt. Il y a bien des façons d'y arriver. Le gardien peut attraper la rondelle et la garder dans son gant, ou alors l'immobiliser sur la glace en la couvrant de son gant ou de son corps. Quand il est incapable de conserver la rondelle, il essaie de la faire dévier – ou de la repousser – avec son bâton, son bouclier, ses patins ou ses jambières.

(ci-dessus) Ce gardien est en train de faire un arrêt couché. Il est étendu de tout son long devant le filet, en portant son bâton le plus loin possible. Ce genre d'arrêt permet de bloquer les lancers sur presque toute la partie inférieure du but.

(à gauche) Les gardiens surveillent les lancers en position d'attente : le corps légèrement incliné vers l'avant, le menton levé, les genoux collés et fléchis. Ils tiennent leur bâton devant eux, prêts à arrêter la rondelle.

Ce gardien fait une démonstration de l'arrêt en V. Dans cette position, il se sert de ses jambes pour empêcher une rondelle de glisser dans le but.

Ce gardien fait un arrêt du gant. Il fait dévier la rondelle avec son bouclier et se sert de son gant pour la saisir dans les airs.

Derrière un écran

Peux-tu distinguer le gardien sur la photo ci-contre ? Quand il y a beaucoup de joueurs devant le filet, le gardien a de la difficulté à voir le disque. On dit qu'il a la « **vue voilée** ». Pour empêcher l'équipe adverse de marquer, le gardien doit alors se pencher plus près de la glace, parce qu'il peut voir plus facilement entre les jambes et les patins des joueurs qu'entre leurs torses rembourrés, qui sont beaucoup plus volumineux.

Les mises en échec

Chaque équipe veut garder la rondelle en sa possession pour pouvoir marquer des buts. Mais c'est une tâche qui exige beaucoup de détermination ! Les joueurs peuvent se servir de leur bâton ou de leur corps pour **mettre en échec** leurs adversaires, c'est-à-dire leur voler le disque. Comme la plupart des ligues ne permettent pas aux joueurs de moins de 13 ans de faire des mises en échec avec leur corps – ce qu'on appelle le « plaquage » –, nous ne présentons ici que les techniques de mise en échec avec le bâton.

Attention !

Les joueurs plus âgés et plus expérimentés pratiquent souvent le plaquage pour prendre le contrôle de la rondelle. Ils poussent l'adversaire avec leur corps pour lui faire perdre le disque. Le plaquage doit cependant être effectué correctement, sans quoi l'un des joueurs pourrait se blesser. L'objectif du plaquage, c'est de déséquilibrer l'adversaire, pas de l'assommer !

Le bâton soulevé

Le joueur en jaune a surpris la joueuse adverse et l'a mise en échec en soulevant son bâton. Pour réussir cette manœuvre, approche-toi du porteur de la rondelle et glisse le manche de ton bâton sous le sien. En relevant rapidement ton bâton, tu soulèveras celui de ton adversaire assez longtemps pour parvenir à t'emparer de la rondelle.

Le harponnage

Le harponnage est utile quand un adversaire s'avance vers toi. Ici, la joueuse qui porte le chandail noir tient son bâton d'une seule main. Quand le joueur en jaune arrive à sa portée, elle avance rapidement le bout de son bâton et lui enlève la rondelle.

joueur avant

joueuse de défense

joueuse de défense

joueur avant

Le balayage

La joueuse en noir effectue un balayage pour mettre son adversaire en échec en écartant son bâton. Cette manœuvre se fait souvent d'une seule main. Pour la réussir, pousse avec ton bâton sur celui de ton adversaire, en patinant à reculons. Il perdra alors la rondelle.

Les pénalités et le jeu de puissance o

Si tu frappes un joueur par derrière, tu risques de le blesser. Et tu pourrais te faire chasser du match pour ce genre de mise en échec. Si tu pousses un joueur dans la bande sur une courte distance, l'arbitre peut te punir pour « plaquage illégal », ce qui entraîne une pénalité mineure. Mais si tu exerces plus de force, sur une plus grande distance, c'est ce qu'on appelle un « échec arrière », et cela te vaudra une plus forte pénalité.

Au hockey, il y a des règles à respecter pour assurer l'égalité des chances et la sécurité des joueurs. Ceux qui enfreignent ces règles en faisant des manœuvres interdites reçoivent une **pénalité** et doivent s'asseoir au banc des punitions. Selon l'infraction et le jugement de l'arbitre, il peut s'agir d'une pénalité majeure ou mineure. Les pénalités mineures entraînent deux minutes au banc, et les majeures, cinq minutes.

Les manœuvres interdites

La plupart des pénalités se produisent quand un joueur cherche à mettre incorrectement un adversaire en échec. Par exemple, un joueur qui frappe son adversaire avec la pointe de son bâton sera puni pour avoir « dardé ». Si tu fais l'une ou l'autre des manœuvres interdites illustrées sur ces deux pages, tu te retrouveras au banc des punitions ! Et n'oublie pas qu'il est défendu de te battre, sous peine de te faire expulser du match.

Un surplus de puissance

Quand une des équipes reçoit une pénalité, l'autre peut marquer plus facilement. L'équipe qui a un joueur au banc des punitions se retrouve en infériorité numérique, ce qui veut dire qu'elle a moins de joueurs sur la glace. L'autre équipe est en situation de **jeu de puissance**. Elle a donc plus de chances de marquer.

L'accrochage

Si tu accroches un adversaire en te servant de ton bâton pour retenir son bâton, ses bras ou son corps, tu pourrais recevoir une pénalité mineure.

Le bâton élevé

La pénalité pour bâton élevé – le fait de frapper un joueur plus haut que les épaules avec ton bâton – peut être mineure ou majeure. Tout dépend du jugement de l'arbitre.

Le cinglage

Le cinglage, qui consiste à frapper un adversaire avec ton bâton, est non seulement interdit, mais dangereux. Il pourrait te valoir une pénalité majeure.

Faire trébucher

Si tu fais trébucher un autre joueur avec ton bâton ou un de tes patins, même par accident, tu auras une pénalité mineure. Si tu fais ce jeu par derrière, pendant une **échappée** de ton adversaire, celui-ci peut avoir droit à un tir de pénalité, c'est-à-dire un tir au but sans obstruction.

L'application du règlement

Sans l'arbitre, les deux juges de lignes, les juges de buts et le marqueur officiel, ce serait le chaos pendant les matches de hockey ! C'est l'arbitre – le plus important des officiels – qui prend la décision définitive en cas d'infraction au règlement. Même si des joueurs, des entraîneurs ou des partisans ne sont pas d'accord, ses décisions sont irrévocables.

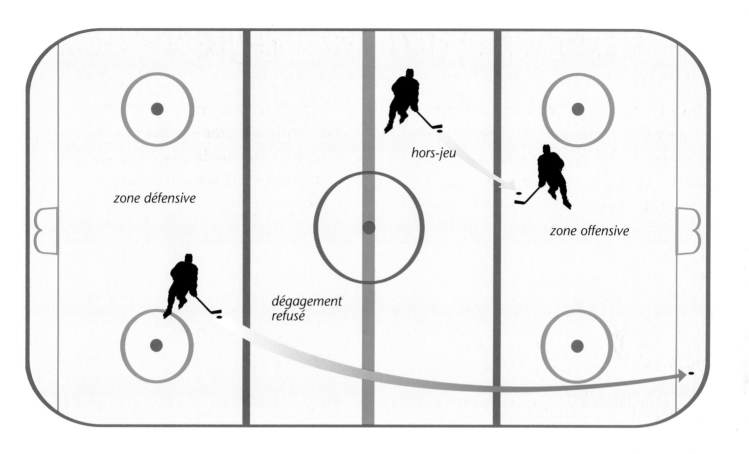

zone défensive

hors-jeu

zone offensive

dégagement refusé

Les interruptions du jeu

L'arbitre siffle pour interrompre le jeu plusieurs fois pendant un match de hockey : quand la rondelle est projetée hors de la patinoire, quand un autre joueur que le gardien immobilise le disque, quand il y a un **hors-jeu** ou un dégagement refusé, ou encore quand l'arbitre donne une pénalité.

Un hors-jeu ?
Qu'est-ce que c'est ?

Le règlement sur le hors-jeu empêche les joueurs de se poster près du filet adverse pour attendre la rondelle et marquer un but facile. Un joueur est hors-jeu quand il franchit la ligne bleue de l'autre équipe avant la rondelle. Quand l'arbitre siffle parce qu'une passe est hors-jeu, le jeu s'arrête et les joueurs doivent refaire une mise au jeu en zone neutre.

Le dégagement refusé

Il y a un dégagement refusé quand un joueur frappe la rondelle dans sa moitié de patinoire et qu'elle traverse la ligne du but, en zone adverse, sans qu'un autre joueur y touche. Ce jeu est toutefois autorisé quand une équipe est en infériorité numérique.

Les professionnels

Beaucoup de jeunes athlètes rêvent de devenir un jour hockeyeurs professionnels. Sur les milliers de jeunes qui jouent au hockey, quelques-uns seulement se rendront jusqu'à la Ligue nationale. Mais rien n'empêche les autres de s'amuser. En te joignant à une équipe, dans une ligue organisée, tu acquerras de nombreuses compétences qui te seront utiles aussi en dehors de la patinoire. De toute manière, tu n'as pas besoin de jouer chez les professionnels pour épater les autres – tu n'as qu'à leur répéter les renseignements que tu trouveras ici. Tes amis et tes coéquipiers seront impressionnés par ta connaissance du hockey !

La plus longue période de prolongation de l'histoire du hockey s'est déroulée en 1936, pendant les éliminatoires de la coupe Stanley. Après presque deux heures de prolongation, les Red Wings de Detroit avaient finalement arraché la victoire aux Maroons de Montréal.

Le hockey a été le premier sport où les joueurs portaient des chandails numérotés.

Il peut y avoir plus d'un membre d'une même équipe en même temps au banc des punitions, mais chaque équipe doit toujours garder au moins trois joueurs sur la patinoire.

Le hockey pourrait tirer son nom du mot français « hoquet », qui signifie « bâton recourbé ».

Dans la LNH, on fait congeler les rondelles avant les matches pour qu'elles glissent plus facilement et rebondissent moins.

La plupart des joueurs aspirent à faire un tour du chapeau, c'est-à-dire à marquer trois fois au cours d'un même match. En théorie, pour qu'il y ait un véritable tour du chapeau, le joueur doit réussir ses trois buts de suite.

Termes de hockey

avants Membres d'une équipe qui jouent au centre, à l'aile gauche et à l'aile droite

défenseurs Membres d'une équipe qui jouent entre le gardien et les avants

défensive Situation de l'équipe qui n'a pas la rondelle

échappée Possibilité de marquer sans interférence des autres joueurs, sauf le gardien

feinte Manœuvre qui consiste à faire semblant de se diriger d'un côté, mais à s'en aller dans l'autre direction

gardien Personne qui se poste devant le but pour tenter d'empêcher l'équipe adverse de marquer

hors-jeu Situation d'un joueur qui traverse la ligne bleue pour entrer en zone adverse avant la rondelle

jeu de puissance Situation où une équipe a plus de joueurs que l'autre sur la glace parce qu'un ou plusieurs membres de l'équipe adverse ont été envoyés au banc des punitions

juge de ligne Assistant de l'arbitre

maniement du bâton Action de tricoter avec la rondelle, d'un côté à l'autre ou d'avant en arrière, tout en patinant

mettre en échec Chercher à enlever la rondelle à un adversaire avec le corps ou le bâton

offensive 1) Membres d'une équipe qui jouent à l'avant ; 2) Situation de l'équipe qui a la rondelle

pénalité Punition imposée à un joueur qui a enfreint une règle

rondelle Disque de caoutchouc rigide

vue voilée Situation du gardien lorsqu'il y a des joueurs devant lui qui l'empêchent de voir la rondelle

zone de but Zone située directement devant le filet, dans laquelle seul le gardien est autorisé à rester

Index